AF599880

Locuras del alma

Francisco José Mora Santos

Aliarediciones

© Francisco José Mora Santos
© Locuras del alma
© ALIAR 2015 Ediciones S.L.

Corrección: Julia Salas
Diseño de cubierta: Aliar Ediciones
Maquetación: Aliar Ediciones

Depósito Legal: GR 137-2024
ISBN: 978-84-10155-43-5

Impreso en España

Edita
ALIAR Ediciones
www.aliarediciones.es
info@aliarediciones.es

La reproducción total o parcial de este libro, por cualquier medio, no autorizada por los autores y editores, viola los derechos reservados y las leyes sobre la propiedad intelectual.
Cualquier utilización debe ser previamente autorizada.

Locuras del alma

Francisco José Mora Santos

1. Sin aire

Sin aire para decirte,
lo que pienso y siento,
tu valor sin aliento,
coraje y determinación.
La fuente de tu energía,
tu fuerza,
tu esencia y tu yo.
Sin ideas apropiadas
que describan tu persona,
tu paciencia,
tu sonrisa y tu luz.
Miras hacia el horizonte
con brillo celeste,
cuidando y sufriendo,
sintiéndote fuerte,
luchando el dolor,
viviendo las horas
de pálpitos que viertes,
sonriente,
en días de eterno calor.

2. Tanto que decir

Quise decirte tantas cosas
que por tanto pendiente que entendieras y no dije,
quedaron las marcas del silencio
para siempre en mi frente.
Traté de hacerte llegar mi voz
pero los silencios se hicieron dueños de mi mala suerte.
Hoy, recuerdo con nostalgia lo no dicho
porque fueron golpes en mi alma que maltrecha,
guardé entre los cortes sangrantes y abiertos
de mi corazón malherido y los dejé ahí, muriendo.
Quise decirte tantas cosas en ese momento,
que hasta mi confuso ser
fue incapaz de saber
de por qué no pude hacerlo.
Traté de vestir el dolor del no saber
con las ropas de la indiferencia
y disfracé esas verdades
con la apariencia del olvido de las cosas,
pero no fue suficiente.
Hoy, como muchas veces,
aparece de nuevo y sin sentido,
el recuerdo del querer difuso,
la memoria del amor perdido,
las dudas y tu falta de arrepentimiento
y no entiendo el porqué de tanto silencio,
si no es por tanto daño hecho.

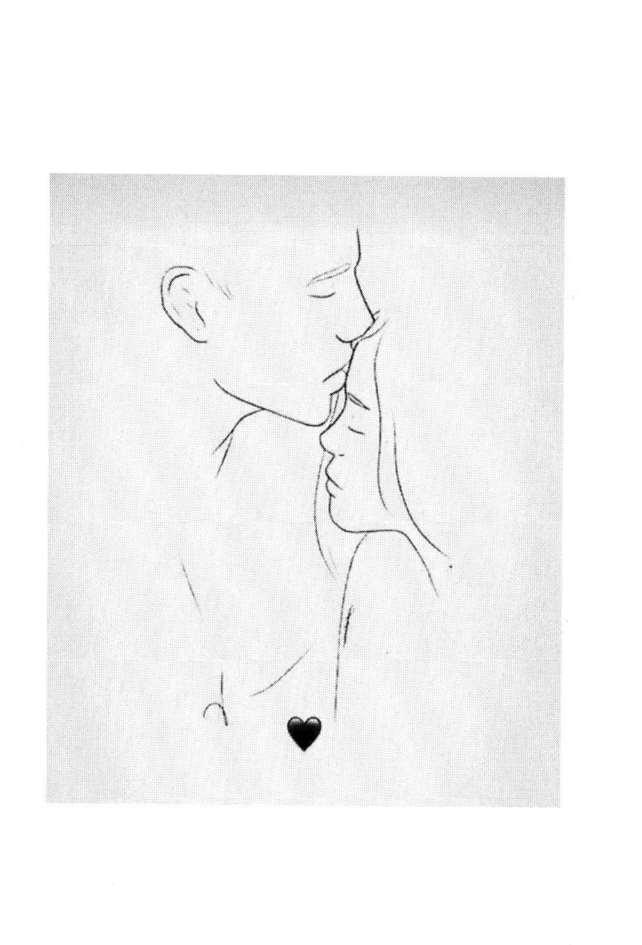

3. Nuestra paz

La paz en ti,
mi refugio sin fin,
alegría de tenerte
recostada en mí.
Me envuelves,
me funde tu amor,
me riega tu sabor,
me hablas de ti,
de tu corazón.
La paz en mí,
la que me nace,
por verte y sentir
que me deshaces,
oírte y verte feliz.
Respiro por ti,
por los poros de tu piel,
por días descalzos andados,
días que disfrutamos
con besos de miel.

4. Las sobras que faltan

Las sobras de siempre,
de restos latientes,
pedazos del tiempo
que antes compartimos,
de amores ardientes.
Son los que vivimos
que atrás se quedaron
por más que quisimos.
Las sobras que sobran,
las que mantenemos,
con mimo y esmero.
Deseo que vuelvan
mejores tiempos,
que azoten los vientos,
desaten sus furias
y arrecien las lluvias.
Que crezcan los prados,
resalten los verdes,
y también los rojos,
que florezcan de flores
borrando el pasado.
Brisas nacidas del cariño
para nuestros creos...
y yo creo...
y el tiempo,
el tiempo y la espera...

y el tiempo,
el tiempo y la entrega...
la entrega sin miedos
en lucha constante,
los dulces abrazos
y los largos te quieros...

5. Palidez

Perdió su color,
distrajo su ánimo
descubriendo el dolor.
Postrado y tumbado
debate su suerte
y decide en qué lado
de su cama prefiere no verse.
Es tanto el tan poco
y tan poco que darse,
que el blanco del techo
parece quedarse
pegado a sus ojos.
Sin más colores ni
esperanzas perdidas
que el frío y oscuro momento
que espera que llegue,
sin perder de vista ese techo sin luz,
apaga sus ojos y su mente
y dibuja el sueño perfecto,
sin luces ni ruidos
ni más sufrimiento.

6. Tu paz

Tu paz me durmió
y desperté de madrugada,
sentía el batir de sus alas,
de libélulas caprichosas
que sentí que me hablaban.
Sobrecogido pensé,
sueño es,
más no,
las oí y despierto soñé,
escuchando tu voz y sentí,
de ella embriagarme
hasta llenarme de ti.
Libélulas ruidosas
y su batir sin fin,
como el batir de latidos
en mi pecho por ti.

7. Sabores

Mi boca guarda tu sabor,
tu aroma me impregna,
los ojos no mienten,
renacen instintos,
que queman, calientes.
Pasiones que viven
de vivos recuerdos
e intensos momentos
en los que adormecen.
Cariño, amor y deseo
que resplandecen.
Los labios no mienten,
tu boca me guarda,
te impregno de mí,
deseo de ser tuyo
viviendo en ti,
en tu alma valiente.
Corazones a retales
cosidos a besos,
de amores desbocados
como locos desatados
el sabor de labios calientes,
el saber de sabores,
de sabores que sienten.

8. Esos días

Recordar esos días,
de momentos amargos,
de apatía.
La vida sin ti no es vida,
es solo lloros, tan fría.
Te necesito conmigo,
no soporto la idea
de abrazar otros brazos,
no concibo los días
que no estás a mi lado.
Solo lágrimas y lamentos
y tormentas y arrebatos,
de rabia y melancolía,
de oscuros momentos
y de albas muy frías,
de noches muy largas,
de largas esperas
de sueños sin fin
y albas tardías.
Horrores del alma,
recuerdos que arañan,
cuchillos descarnan
al amor renacido,
son clavos que clavan
un corazón malherido.

9. Tan bonita...

Bonita como amaneceres,
pasión que no callo.
Me miras, me hipnotizas,
recorro tu cuerpo agitado
susurros, suspiros,
te quieros sin prisas.
El amor encrespado
que echa raíces
atado a tu pelo,
atado a tus manos,
rozando tu piel,
besando tus labios.

10. Por si...

Por si acaso,
esta noche no acabara,
quiero jurarte mi amor,
mi amada, cariño eterno.
Que si el día no alcanzara,
quiero volar con mis alas,
mil pasiones alocadas,
mi amor, mi vida,
mi niña mimada.

11. Reflejos

Dibujo sinuoso,
contorno confuso,
extraño el reflejo
de imagen de espejo.
Así te veo,
te veo con el alma
por finos cristales
que rompen silencios
de tristes deseos.
Observo tus brillos
azules y claros,
trocitos quebrados
que vuelan al cielo
y caen en picado,
formando dibujos sinuosos,
contornos confusos
y difusos reflejos.
Y así te veo,
tan frágil mirar,
tan tenue el deseo,
tan pobre esperanza,
que busca consuelo.

12. Suspiros

Cuando la fría noche se desvanezca
y el amanecer de tu sonrisa temple
mis temores más oscuros,
sabré cariño,
que morir en tus brazos
no es morir por lo vivido,
es el renacer de mi amor por ti,
es despertar a tu abrigo,
arroparme en tu piel
y soñar el olvido.
Si me cayera la noche,
que sea mi amor contigo
y si se me apaga mi tiempo,
que el tiempo recuerde al mundo,
lo mucho que te he querido.
Que si al alba o al ocaso,
nuestro tiempo fuese perdido,
que nadie lo juzgue,
que no exista veneno que enturbie y nos mate,
que vivan sus vidas,
que vivan sus sinos.
Seamos dos almas unidas amor,
que nada ni nadie separe,
ni infortunio,
ni un cruce de caminos...

13. ...en la noche que acaba

...que cuando la fría noche se desvanezca
y tu sonrisa temple mis miedos,
los necios que callen,
que nadie te diga,
que no exista veneno que enturbie...
ni serpiente que hiera...
ni serpiente que mate...
y que vivan sus vidas...
y sufran sus sinos.
Que mientan y engañen y anden caminos.
Sí creo en el destino, las almas se unen,
se funden en una buscando la luz
por extraños senderos, atadas, queramos o no...
hasta el fin de los tiempos...
aunque hiera el veneno.
aunque el veneno nos mate.
Seamos dos almas unidas, amor,
que nada ni nadie separe, ni infortunio,
ni cruel cruce de caminos.
Nuestros corazones, nuestras manos cosidas,
de restos hechos jirones
hasta que en otra vida quizás,
volvamos a estar unidos.
Pero sigue la vida y todo renace con el nuevo día...
la Luna ya duerme y recuerda esto del Sol,
mi amada sirena morena de noches de julio,

en aquella ardiente letanía
recitada a su querida ninfa tardía, el Sol,
que de tanto amor dado ardió
y por todos sus días ardía...
así...
encontró al fin el sentido del alba...
encontró al fin el sentido a los días...
y descubrió que el morir,
moría en la lejanía...

14. Reino de oscuridad

Hoy, Luna, brillas más que el sol naciente
de cada mañana,
tan tuya, delicada y sin fortuna.
Reinas en la noche
porque te fue arrebatado el día,
y solo por eso creías
que tu reinado robado,
un día, de nuevo resplandecería.
Pero el tiempo infinito sigue pasando
y tu luz fría, pasa de largo,
se vuelve al alba, sombría.
El Sol sigue reinando en tu reino perdido
y apaga tus luces, tus sueños
y repite una y otra vez tu melancolía.
Hoy, Luna, de nuevo, esperarás al ocaso
por si tu suerte maldita,
acompaña el nacer oscuro
de un nuevo día.

15. Mecido por el viento

En constante movimiento al vaivén del viento
como espigas de trigo de los campos quietos,
sacudido por momentos, por instantes vividos,
a merced de la historia,
a merced de los cuentos,
tragedias de vida y lamentos
y de felices encuentros.
En constante caminar por caminos eternos,
como aves vivaces que surcan el cielo,
agitado por recuerdos,
destellos de memoria perdida en el tiempo,
a merced de la brisa que empuja y me siento,
como el niño pasado
y el hombre de ahora,
viviendo el futuro incierto.

16. 20 minutos bastaron

Sentados frente a frente,
en silencio, los ojos clavados
y unas leves sonrisas que delataron,
una vida entera juntos
colmada de amor sincero.
Los observaba absorto,
cuánto dicho con tan poco,
sin palabras ni gestos,
el mirar desde dentro,
el amor y el apego.
Qué envidia que os tengo...
os miro e imagino,
cuántos sueños soñados juntos,
cuántas risas nerviosas al aire,
también, por qué no, los lamentos.
Vida vivida sin prisas,
sin tiempos.
Sentados uno frente a otro,
esperando el momento, callados,
sin que haga falta decir nada,
amando en silencio.
Qué envidia que os tengo.
Apuro mi copa en la barra,
me bebo el momento,
y vuelvo al instante del comienzo...
y me marcho...

20 minutos bastaron para que vuestras largas vidas
de esperanzas y anhelos,
llegaran a mí como disparos al alma,
como guiños cómplices que agitan mi aura
y la pintan de vivos colores,
llenándolo todo de calma y consuelo.

17. Sentado observo

A veces el tiempo no pasa,
pausado, tan lento, tan quieto...
Y a todo ajeno en los atardeceres cálidos de junio,
me siento y veo pasar a la gente,
dispuesto a observarla y pienso,
que injusta la vida a veces...
tanta entrega, devoción sin aliento
y la vida en colores, amores en lienzos...
Albergo al amor, la dedicación y profeso lealtad
y sin embargo, no siento... ni creo...
ni veo los colores del alma
porque me perdí y aún me pierdo...
así que dedico la vida a ver correr las horas...
los tiempos...
y observo y presiento
que tanto por dar no va a ningún puerto,
no hay faro de mi perdida morada,
ni espera,
ni amada...
ni existe travesía deseada,
ni cruce de caminos...
ni nada...
Existe la espera pausada,
lenta y quieta, que no pasa,
la entrega, el amor y la lealtad

y sin embargo no siento...
ni creo...
ni veo los colores del alma.

18. Sonríe...

Sonrisas inesperadas,
dibujos en tu cara,
que adornan tus cejas,
tus ojos,
tu pelo.
Relieves de líneas que nacen y hechizan
y todo el conjunto lo envuelves de luz y de magia
y como si un velo fuese que ciega y atrapa,
apagas los ojos y enciendes las almas...
Sonríe, no llores...
que el mundo disfrute el sentir bonito...
la luz de tu mirada...
la risa esperada...
la vida abnegada.
El mundo lo envuelves
y el tiempo lo paras.

19. Antes y después

Después vino la certeza,
de lo incierto y venidero,
que llegó como furiosa lluvia
de finos cristales que cortan acero.
Acero de apego,
del miedo al acecho
y suspiros de fuego.
De la certeza y la frustración,
creció el desapego,
nació desazón,
le dio la razón y surgieron dolores de dentro,
que nunca existieron.
Murió como vivió,
con las dudas cortantes de sentir el amor
o tan solo el deseo de besos hirientes
y atrapado en su trampa,
rendido,
llovieron las piedras en las que tantas veces
se vieron.
Después vino el renacer y el sentido a la vida
y asustado como un niño en sus primeros pasos,
frágil y delicado como los besos tímidos
que nacen y mueren en un suspiro,
como abrazar el alma y compartir el camino.
Se instaló en el olvido y creció diferente,
de la soledad de sus ojos despertó un brillo latiente,

tan fuerte, tan repleto de luz y confianza,
que el dolor del pasado en su frente,
se volvió de color esperanza.
Las marcas de su ceño
que hablan de derrotas pasadas,
se volvieron como anillos de edad de los árboles,
que hablan de grandes distancias
y vidas vividas,
que albergan la luz y la gracia.

20. Abre tus ojos

Y de pronto abres los ojos,
despiertas la mente y abrazas tu suerte,
la suerte de los vencidos.
Destino anunciado y recuerdos,
palabras de amigos,
consejos de hermanos,
de hijos...
Te abrigas del ánimo
y despiertas sentidos.
No pudiste verlo, ni hacer nada,
tan solo camino ciego,
ciego y sufrido por trozos de ratos vividos
sin rumbo y sin sino.
Y de pronto lo entiendes,
que nada es eterno,
ni infinito ni divino.
Mereces una historia que dibuje un olvido,
que entienda el perder no como un castigo,
que entiendas que fue el amor prometido,
el amor esquivo...
que vino a decirte que la vida no es ciego camino,
es el deseo de recordar lo vivido,
no las ganas por desterrar lo sufrido,
por tantos momentos al olvido,
que es la alegría por lo desconocido,
la aventura del querer vertido,

sin trampas ni rabia por lo sucedido,
tan solo las ganas,
tan solo el deseo de sentirte querido.
La suerte ha cambiado,
no viene dispuesta a cobrarse lo suyo.
Para ti queda, ilusión por vivir,
los ojos abiertos al corazón, al sentir.
La suerte no juzga, es suerte
y te abraza cuando menos lo esperas,
te abraza fuerte y te envuelve.
El hombre que fuiste no vuelve,
pero renace el hombre
que nunca debió de perderse.

21. Caminar

Y el camino fue tan largo, tan lento y austero...
que de pronto los pasos se hicieron pesados,
el ánimo esquivo y la fe se esfumó.
Como aire de quien exhala su último aliento,
el pesar aconteció, las rabias, los miedos.
Semblante apagado y enjuto el cuerpo
en un rincón de la senda,
la mirada perdida
como el creer en los hombres,
como pensar el mañana,
sin sientos ni credos ni esperos.
Reuno mis fuerzas para seguir adelante,
es tan grande el lamento
que siento que no puedo.
Abrazo la esperanza y miro al cielo,
levanto mis manos queriendo tocarlo,
empujo mi cuerpo y me incorporo,
me siento pesado.
Ha llegado el momento de recobrar el sendero,
es hora de seguir dando pasos
y avanzo.
Vislumbro el horizonte,
llegaré mañana o tal vez nunca,
pero no dejaré de intentarlo,
no dejaré de quererlo.

22. Un bonito recipiente

Un antiguo y bonito recipiente,
vacío de contenido,
de adornos de continente.
Reseco por dentro cubierto
de paredes de polvo
y brillante por fuera, de luz incendiante,
de restos pegados y marcas plagadas
de voces hirientes,
de bordes cortantes y relieves afilados
como lenguas mordientes.
Un bonito envase de tiempo al tiempo,
de antiguos recuerdos de momentos brillantes,
de contemplar la belleza del diseño,
de observar la profundidad del adentro,
de acariciar lo bonito un instante.
Un antiguo y bonito recipiente,
repleto de desencuentros,
las voces que hieren,
sumido en recuerdos,
vacío de sueños.

23. Los días diferentes

Hay días que despierto
envuelto en una espesa niebla
de confusión y temor.
Son de esos días inhertes, apagados
y sin rumbo aparente.
Y hay días también,
de renovada energía,
de calma temprana
y de fe en el amor.
Hay días tan negros,
que el negro que tiñe mi alma,
parece el pasillo de entrada al infierno.
Pero hay días también
que aparece el sentido,
que pone la calma y viste al olvido.
Y hay días de luz, de espacios de paz
que envuelven el alma,
que trazan caminos
que ayer no existían,
que están en la nada,
que inventan momentos,
que enseñan la vida,
despejan lamentos,
disipa el temor.

Te sientes más vivo y te quieres,
miras arriba hacia el cielo
intentando atrapar el calor y de pronto lo sientes,
de nuevo el amor permanece,
el amor que en el brillo de tus ojos en ti,
te recuerda que cada día, amanece.

24. Otra vez

Y otra vez en este carrusel de emociones,
locuras del alma que desatan pasiones
y los sitios, las fotos, recuerdos, canciones.
Yo estaba bien, ¿qué está pasando?
Dudo de mí y en mi desconcierto
me siento a mirar
desde la esquina del desespero.
Todo se vuelve áspero y austero
y otra vez sin aliento,
el ahogo por dentro,
se apaga mi brillo,
renacen los miedos.
Yo estaba bien, convencido del coraje que tengo,
¿qué está pasando?
Mi mente me grita respira, sé fuerte,
no cedas tan solo por un espero.
El corazón me delata y no quiero,
mi vida en versos una vez más
sucumbe a la tentación de la esperanza baldía, sin freno.
Quisiera ser notas de música en su oído
llevadas por el viento allí donde se encuentre,
pero no puedo creerlo ni quiero.
De nuevo dudo de mí, sé que no puedo,
superan los sueños y cierro los ojos
tratando de ser mi dueño.

No quiero caerme otra vez
y cada vez que me levanto,
preparo una nueva caída al suelo.
Y otra vez el deseo,
el desdén de lo perdido,
amaneceres sin cielo.

25. Condenado

Como condena a la pena,
como la decisión no tomada,
como la vida sin esperanza
aprendiendo a vivir de nuevo,
con más tesón que con ganas.
Como en los cuentos
con finales esperados
y personajes de ensueño.
Como sutiles suspiros que nacen
en lo profundo del ser,
desde el abismo del alma,
donde se rompen te quieros
y los lloros desgarran.
Como condena a la pena,
como camino equivocado,
como el ir sin retorno.

26. Tus 16

16 otoños visten tu moño,
de ángeles y algunos demonios.
Y ahora en serio, Nayara...
16 años bonitos te adornan
y si te llamara,
sería para decirte preciosa,
que eres una hija entregada,
que cuidas a mamá
y la amas,
por eso, cariño, no lo dudes,
siento por ti y por tu alma,
amor y cariño eterno
y mil sonrisas enredadas.

27. Renacen los sueños

Y al fin las luces oscuras del alba
encienden ardientes las almas,
iluminan el día de azules variados
cromías y espectros de aspecto lacrado
de finos colores que alumbran matices
de tintes pintados en nubes agrisadas
de formas nacidas de miles de ojos
que dibujan de sueños
al cielo con sus creídas miradas.
Apaga el día, el tiempo de soñar se acaba
y arrecia la noche fría,
las luces pintadas volverán
en el amanecer del nuevo día
y entretanto y tanto que soñar
imagina en la oscuridad
cumplir los deseos que apuntan
a lienzos repletos de policromías
de dibujos dibujados en el mirar
de miles de ojos que sientan,
de miles de almas que rían.

28. La encrucijada

Distraído camino pensando,
¿qué ocurre en la vida
para errar con frecuencia?
Decides cuestiones que alteran
tus modos, tu juicio y tu razón.
Sopesas los pros y los contras
y esperas divina, la solución.
Me dije a mí mismo hace poco,
la suerte no es suerte, no juzga,
de pronto aparece y te envuelve,
luego entonces nuestras decisiones
no lo son, son encrucijadas diversas,
algunas sencillas y otras no,
¿pero qué ocurre con eso,
decido yo?
La vida te enseña a no repetir los errores
y aún así lo seguimos haciendo
así que camino y pienso,
que a veces es mejor dejar decidir al destino
y no preocuparse por fallarte a ti mismo.

29. Caricias

Recuerdo sonriente momentos
de suaves deslices por mi piel,
de dedos en manos calientes
que abordan mi ser
en toques pequeños de caricias
livianas que suenan a finas melodías.
Caricias de antes, de ahora y de siempre,
aunque suenen diferentes.
Recuerdo sonriente momentos
de pieles estremecidas
por el recorrer de los dedos
en suaves compases armónicos
de dulces respiraciones
que vuelan libres al viento,
que atrapan al tiempo
y permanecen vivas sintientes
en nuestras memorias
helando de escalofríos ardientes
instantes de vida por siempre.

30. Señales

El amor pasajero.
Las pruebas de vida.
Los constantes arreglos.
Y así, nació la fe ciega,
la fe en mí, en mi entrega,
en la pasión por vivir
y así nació el coraje.
En las ganas de ser feliz,
de abrigarme del mundo
de abrigar a los míos.
y así en señales,
poco a poco,
descubrí mi destino.
del apego al olvido,
del desatino en sentir.
De la memoria olvidada,
pero de pronto lo supe,
señales que me hablan,
historias que esquivo,
historias que surgen,
y de nuevo mi sino.
El amor esperado,
las pruebas vividas,
zurcidos eternos.

Esperanza que abrazo
y que creo,
y la vida que acuno en mi regazo
como la madre a su hijo
en la calidez de delicados brazos.

31. De luces

Como siempre otro año,
diciembre de luces,
reuniones felices,
reencuentros y dichas,
los días especiales,
la família, amigos leales.
El calor del hogar
gestos bonitos sin par,
otras formas de amar.
Un año que acaba,
los buenos designios
al año que empieza,
la esperanza unidos,
ilusión renovada,
futuro sonriente
de deseos ganados
en compañía
de almas calmadas
y tu mirar,
de esa paz agitada
por tiempos felices cercanos,
que pronto vendrán.

ÍNDICE

1. Sin aire 11
2. Tanto que decir 12
3. Nuestra paz 15
4. Las sobras que faltan 19
5. Palidez 21
6. Tu paz 22
7. Sabores 23
8. Esos días 24
9. Tan bonita... 27
10. Por si 28
11. Reflejos 29
12. Suspiros 30
13. ...en la noche que acaba 31
14. Reino de oscuridad 33
15. Mecido por el viento 37
16. 20 minutos bastaron 38
17. Sentado observo 40
18. Sonríe... 42
19. Antes y después 43
20. Abre tus ojos 47
21. Caminar 51
22. Un bonito recipiente 52
23. Los días diferentes 53
24. Otra vez 57

25. Condenado 61
26. Tus 16 62
27. Renacen los sueños 63
28. La encrucijada 64
29. Caricias 65
30. Señales 66
31. De luces 68

Este libro se terminó de editar en Granada
en febrero de 2024 por

www.aliarediciones.es
info@aliarediciones.es